¿Qué es la Estatua de la Libertad?

Joan Holub

ilustraciones de John Hinderliter

traducción de Yanitzia Canetti

Penguin Workshop

A las grandes ideas—JH

Mantén la curiosidad siempre. Gracias, Papá—JH

PENGUIN WORKSHOP
Un sello editorial de Penguin Random House LLC, Nueva York

Publicado por primera vez en los Estados Unidos de América por Penguin Workshop,
un sello editorial de Penguin Random House LLC, Nueva York, 2014

Edición en español publicada por Penguin Workshop, un sello editorial de
Penguin Random House LLC, Nueva York, 2023

Traducción al español de Yanitzia Canetti

Visítanos en línea: penguinrandomhouse.com.

Los datos de Catalogación en Publicación de la Biblioteca del Congreso están disponibles.

Impreso en los Estados Unidos de América

ISBN 9780593658208   10 9 8 7 6 5 4 3 2 1 WOR

Contenido

¿Qué es la Estatua de la Libertad?

En julio de 1976, los Estados Unidos estaban de fiesta. Era el bicentenario de la firma de la Declaración de Independencia. En todo el país, pueblos y ciudades lo celebraron. En Nueva York, hubo fuegos artificiales, desfiles y discursos patrióticos. En medio de todo ello, se erigía el símbolo de la libertad estadounidense: la Estatua de la Libertad.

El nombre real de la estatua es *Liberty Enlightening the World,* (La libertad ilumina el mundo) pero a menudo se le llama *Lady Liberty* o Estatua de la Libertad. Es enorme: mide 151 pies y una pulgada. Es una altura equivalente a una torre de 35 niños de once años parados uno encima del otro.

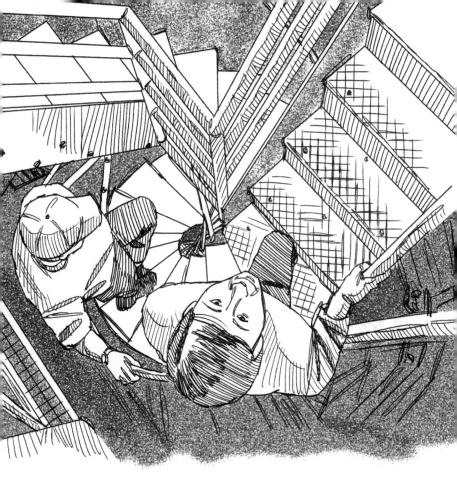

Está hecha de cobre y es hueca, con una estructura metálica de soporte en su interior similar a un esqueleto y escaleras para que los visitantes puedan subir a su corona. En la actualidad, unos 4 millones de personas la visitan cada año.

Al igual que la bandera, la estatua aparece en los carteles del ejército, en los sellos de correos y en el billete de diez dólares. La han utilizado para promover desde jabones hasta hamburguesas. Ha aparecido en películas como *El planeta de los simios*, *El día de la independencia* y *Superman II*.

Desde 1886, la estatua ha ofrecido un mensaje de esperanza a los inmigrantes que llegan a EE. UU. Desde finales del siglo XIX hasta el siglo XX, llegaron millones de personas. La mayoría procedía de Europa, donde era difícil ganar dinero para sobrevivir. Cruzaron el Océano Atlántico en barcos de vapor. Cuando los barcos llegaban al puerto de Nueva York, lo primero que veían era la Estatua de la Libertad. Todos se alegraban y a veces lloraban de alegría. Por fin habían llegado a EE. UU., la tierra de la libertad, donde esperaban empezar una vida nueva y mejor.

Durante las I y II Guerras Mundiales, los soldados estadounidenses salían de la ciudad de Nueva York con destino a los campos de batalla europeos. Al salir los barcos, pasaban por delante de la estatua, lo que les inspiraba sentimientos patrióticos. Y al regresar, después de las guerras, la estatua estaba allí para darles la bienvenida a casa.

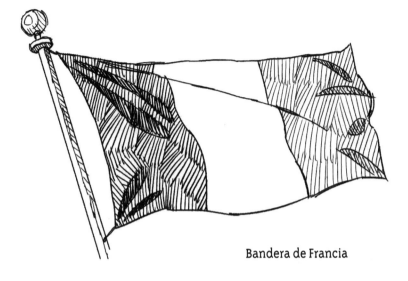

Bandera de Francia

Sorprendentemente, la Estatua de la Libertad no fue idea de EE. UU. Fue un regalo del pueblo de Francia. Un profesor francés fue el que propuso la idea, un escultor francés diseñó la estatua y un ingeniero francés creó su estructura interior. Al principio, los estadounidenses ni siquiera estaban seguros de querer la estatua. Algunos desconfiaban de las razones del regalo. Estuvieron a punto de decirle que no a Francia.

CAPÍTULO 1
La gran idea

Todo comenzó en 1865 en una cena en las afueras de París, Francia. Eso cuenta la leyenda que se publicó en un folleto para recaudar fondos para la Estatua de la Libertad 20 años después. La fiesta fue en la casa del profesor de derecho Edouard de Laboulaye. Era un experto en historia

americana. Había escrito libros sobre el modo de gobierno estadounidense. Pensaba que todos los países deberían ser como EE. UU., libres de elegir a sus propios gobernantes.

La Guerra Civil había terminado en EE. UU. Laboulaye admiraba a Abraham Lincoln por haber puesto fin a la esclavitud y haber unido a todos los estados después de la guerra. Esto indicaba que la forma de gobierno democrática era fuerte, ya que había funcionado bien incluso en tiempos difíciles.

Al igual que las 13 colonias americanas se habían levantado contra el rey de Inglaterra, el pueblo francés se había rebelado contra su rey. La Revolución Francesa ocurrió en 1789, trece años después de que los estadounidenses proclamaran su independencia. Pero, la Revolución Francesa terminó en un desastre. En lugar de convertirse en un país libre, como EE. UU., Francia siguió gobernada por varios emperadores. Su palabra era la ley. Los franceses no podían decir nada contra el gobierno sin meterse en un buen lío.

Laboulaye quería hacer una declaración en apoyo a la libertad política, pero necesitaba hacerlo de una manera que no lo pusiera en peligro. No pudo evitar soñar: ¿Qué pasaría si Francia regalara a EE. UU. un sorprendente monumento que celebrara la libertad?

Uno de los invitados a la cena de Laboulaye esa noche era Frédéric-Auguste Bartholdi, un escultor. A Bartholdi le gustaba trabajar a lo

grande. Había ido a ver las pirámides y la Esfinge
en Egipto. Estos gigantescos monumentos lo
habían impresionado. No estaba tan interesado
en la política de EE. UU. como Laboulaye, pero
le encantaba la idea de su estatua y se ofreció a
esculpirla.

La Revolución francesa

El rey Luis XVI de Francia ayudó a los colonos americanos a independizarse de Inglaterra en 1783, lo que le costó a Francia mucho dinero. A su esposa, la reina María Antonieta, le gustaba la ropa elegante, las joyas y las grandes fiestas. Mientras el rey y la reina gastaban fortunas a su antojo, el pueblo francés se moría de hambre. El 14 de julio de 1789 comenzó la Revolución francesa con el asalto a la prisión de la Bastilla y el robo de armas para luchar contra el rey y su gobierno. Los revolucionarios franceses redactaron su propia Declaración de Independencia, la Declaración de los Derechos del Hombre. Las batallas fueron sangrientas y violentas. En 1793, los reyes fueron decapitados en la guillotina. Se pensaba que los ricos y poderosos eran los enemigos del pueblo francés de a pie. Más de 17 000 políticos, terratenientes y empresarios

fueron ejecutados. Muchos fueron decapitados. En 1799, un general francés llamado Napoleón Bonaparte subió al poder y la revolución terminó.

Por supuesto que Bartholdi y también Laboulaye sabían que esa estatua podía llevarlos a prisión. Serían arrestados por la policía secreta del emperador Napoleón III. Esta idea quedó en suspenso, pero no olvidada.

Mientras tanto, Bartholdi realizó un segundo viaje a Egipto en 1869. Esperaba diseñar un faro en la entrada del recién construido Canal de Suez, que conectaba el Mar Mediterráneo con el Mar Rojo. No sería un faro ordinario: Tendría forma de mujer. Quiso llamarlo "Egipto lleva la luz a Asia". Además de iluminar el camino de los barcos, su estatua simbolizaría a Egipto abriendo camino a nuevas ideas.

Bartholdi hizo bocetos y modelos de la estatua.

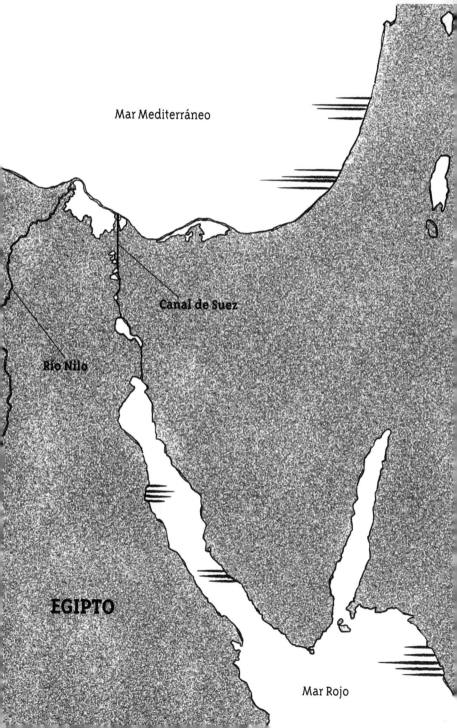

Al gobernante de Egipto le gustó el proyecto, pero no tenía dinero para construirla. Muchos creen que Bartholdi basó la Estatua de la Libertad en sus ideas para el faro del Canal de Suez. Nunca quiso decir por qué había hecho ambos diseños como mujeres con ropas antiguas, o por qué ambas llevan coronas y sostienen una antorcha en alto en una mano.

En 1870, Napoleón III ya no estaba en el poder. Laboulaye esperaba que ahora una democracia echara raíces en Francia. La presentación de una estatua en honor a la libertad en Estados Unidos podría inspirar a los franceses a trabajar por un gobierno propio liberal y elegido. Sabía que la construcción de una estatua gigantesca costaría mucho dinero. ¿Pensarían sus conciudadanos que valía la pena?

¿Y los estadounidenses? ¿Qué pensarían de la idea? ¿Estarían de acuerdo en aceptar la estatua? ¿Ofrecerían un terreno adecuado para construir la estatua? Bartholdi decidió ir a averiguarlo.

Laboulaye y Bartholdi

Laboulaye nació el 18 de enero de 1811 en París, Francia. No solo era un experto en la historia de los Estados Unidos, sino que también impartió la primera clase sobre la Constitución de los Estados Unidos en un colegio francés. Creía que todas las personas tenían derecho a ser libres, y probablemente se

alegraría de que la gente en Francia sea ahora libre de elegir a sus líderes políticos.

Bartholdi nació en una familia próspera el 2 de agosto de 1834 en Colmar (Francia). Su padre murió cuando él tenía dos años y su familia se trasladó a París. Su madre lo animó a estudiar arte.

Aunque Laboulaye tuvo la idea de la Estatua de la Libertad, fue Bartholdi quien se hizo famoso como su creador. Su segunda escultura más famosa es el León de Belfort, un león de piedra arenisca de 72 pies de largo. Se encuentra en la ciudad de Belfort, Francia, a unas 45 millas de donde nació Bartholdi.

CAPÍTULO 2
La isla de Bedloe

Bartholdi partió hacia EE. UU. en junio de 1871. Allí debía reunirse con personas importantes que Laboulaye conocía: hombres ricos y políticos. Eran el tipo de personas que podían hacer grandes cosas, como una gran estatua. Cuando el barco de Bartholdi entró en el puerto de Nueva York, vio la isla de Bedloe. En la isla había un fuerte con forma de estrella.

NEW JERSEY

Río Hudson

Manhattan

Río Este

Isla Ellis

Isla de Bedloe

Isla del Gobernador

Brooklyn

Puerto de Nueva York

Este era el lugar perfecto para la estatua de sus sueños. Situada en el puerto de la mayor ciudad de EE. UU., sería vista por millones de personas. Este lugar sería mucho mejor que un puerto más pequeño, un parque o una plaza de la ciudad. Bartholdi estaba cada vez más emocionado. Todavía no había pisado suelo americano y ¡ya había encontrado el lugar perfecto para su estatua!

Presidente
Ulysses S. Grant

Frédéric-Auguste
Bartholdi

Durante los meses siguientes, Bartholdi visitó a los amigos de Laboulaye en ciudades de todo EE. UU. La gente lo acogió en todas partes. Conoció al poeta Henry Wadsworth Longfellow y a Brigham Young, líder de la Iglesia Mormona. Cuando se reunió con el presidente Ulysses S. Grant, Bartholdi le preguntó si su estatua podía erigirse en la isla de Bedloe, pero nada se decidió con seguridad. Bartholdi le habló a todo el mundo de la estatua. Era encantador y un buen vendedor. A todos les caía bien, pero eso no significaba que les gustara su idea. Parecía algo descabellado, como un sueño que nunca se haría realidad. Sin embargo, su visita hizo que los estadounidenses hablaran de su estatua.

Cuando Bartholdi regresó a Francia, estaba más entusiasmado que nunca. No podía dejar de pensar en la isla de Bedloe. Antes de su viaje, había hecho algunos bocetos de cómo podría ser su estatua. Incluso había hecho pequeños modelos

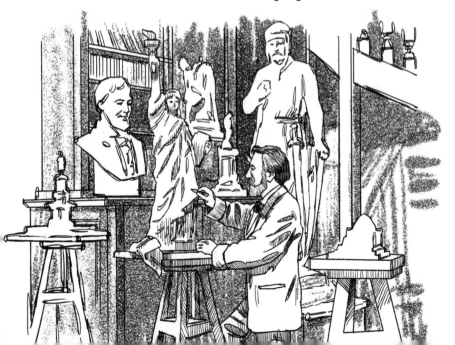

de la estatua en terracota, un tipo de arcilla que se utiliza en alfarería. Se parecían mucho a sus modelos de faros de Suez.

De hecho, su plan era hacer que su nueva Estatua de la Libertad fuera también un faro. Tal vez esperaba que una estatua tan útil pudiera atraer a los estadounidenses. Al principio, no estaba seguro de si encender la corona o la antorcha. Pero ahora que había encontrado el lugar perfecto para su estatua, era el momento de finalizar su diseño.

Estudió cómo otros artistas habían pintado figuras y escenas que representaban la idea de la libertad. Observó las monedas antiguas con la imagen de la diosa romana Libertas. Leyó sobre una famosa estatua antigua llamada el Coloso de Rodas. Leyó libros sobre los antiguos monumentos de Egipto que tanto admiraba. Luego pasó los siguientes meses haciendo más modelos de arcilla. Si hubiera podido mostrarle a la gente exactamente cómo se vería la estatua, quizá se hubieran entusiasmado con el proyecto tanto como él.

El coloso de Rodas

En la antigüedad, los turistas corrían la voz sobre los lugares increíbles que visitaban. Los más famosos se conocieron como las Siete Maravillas del Mundo Antiguo. El coloso de Rodas, en Grecia, una estatua de unos 100 pies de altura, era una de ellas. Estaba diseñada con la forma del dios griego del sol, Helios. Estaba hecha de hierro y bronce, y sus piernas estaban llenas de piedras como soporte. Tal vez llevaba una antorcha o lámpara en una mano y una lanza en la otra, y se situaba a la entrada de un puerto. Los dibujos antiguos muestran la estatua con las piernas abiertas, para que los barcos navegaran entre ellas. Un terremoto destruyó el Coloso en el año 226 a. C., por lo que hoy no se sabe bien cómo era.

CAPÍTULO 3
El diseño de la estatua

Stola

Palla

El diseño final de Bartholdi mostraba a la Libertad como una mujer vestida igual que una diosa romana, con un vestido largo llamado *stola*. Sobre ella llevaba una *palla*, que es una capa sujeta con un broche en el hombro izquierdo. Llevaba sandalias en los pies.

El brazo derecho está en alto y sostiene una antorcha. La corona tiene siete rayos puntiagudos que representan los siete continentes y los siete mares. El peinado se hizo a la moda de 1800. A medida que Bartholdi hacía más modelos, el rostro de la estatua empezó a parecer más decidido y severo. Aunque se parecía mucho a su madre, Bartholdi nunca quiso asegurar que fuera su rostro.

Charlotte Bartholdi

En algunos de los diseños, la Estatua sostenía una cadena y un grillete rotos en su mano izquierda. Representaba la libertad. Sin embargo, a Bartholdi le preocupaba que a la gente le llamara más la atención la cadena que cualquier otra cosa, así que colocó el grillete y la cadena rotos a los pies de la estatua.

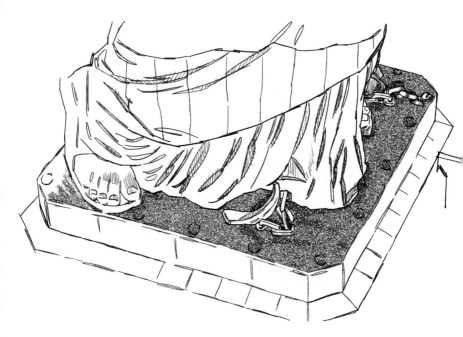

El talón del pie derecho de la estatua se levanta como si saliera de las cadenas rotas hacia la libertad. En la mano izquierda, Bartholdi puso una tablilla con una fecha tallada en números romanos: 4 de Julio de 1776, Día de la Independencia.

A medida que Bartholdi hacía más modelos, se hacían cada vez más grandes. En su opinión, el mejor era el que hizo a principios de 1875. A Laboulaye le gustaba también. Medía 4,5 pies de altura y estaba hecho de yeso. Este es el modelo en el que se basó la estatua real. Ampliar su modelo para que midiera más de 151 pies no sería fácil. Habría que hacer miles de mediciones y cálculos matemáticos exactos. Necesitaría la ayuda de carpinteros, metalistas y otros artesanos. A estos trabajadores habría que pagarles.

Para recaudar dinero, Laboulaye formó un comité llamado Unión Franco-Americana. El comité aprobó el diseño de Bartholdi.

El 6 de noviembre de 1875 se celebró una cena para 200 invitados ricos cerca del famoso Museo del Louvre de París. Se desveló el modelo de estatua de yeso de Bartholdi. Los invitados estaban tan emocionados de verla que donaron 25 000 dólares. El problema era que la construcción costaría diez veces más.

Se necesitaba una gran publicidad para que la gente donara más dinero. En 1876, Estados Unidos cumplía cien años. Para celebrarlo, iba a haber una Feria Mundial, la primera que se celebraba en Estados Unidos. La feria iba a tener lugar en Filadelfia, donde se había firmado la Declaración de Independencia.

No había tiempo ni dinero suficiente para construir la Estatua de la Libertad completa para exponerla en la feria. Pero Bartholdi y Laboulaye idearon un plan brillante. Terminarían una parte de la estatua y la expondrían en Filadelfia.

Se decidieron por la mano y su antorcha. Pero, ¿podrían tener todo listo a tiempo?

CAPÍTULO 4
La mano con la antorcha

Bartholdi decidió trabajar con Gaget, Gauthier & Cie, una empresa parisina que tenía un taller de metalurgia. La mayoría de las estatuas eran de bronce, mármol o piedra. Por consejo de su antiguo maestro, Eugène Viollet-le-Duc, Bartholdi decidió utilizar el cobre. El cobre era más barato y más ligero. Era fácil de martillar y no se partía cuando se doblaba. Construiría su estatua como un cascarón de cobre y le pondría una estructura de soporte dentro.

Para empezar, los obreros duplicaron el tamaño del modelo favorito de Bartholdi para hacer una copia en yeso de unos 9,5 pies de alto. Después, hicieron un modelo aún más grande, de unos 38 pies de alto. Volviendo a multiplicarlo por 4,

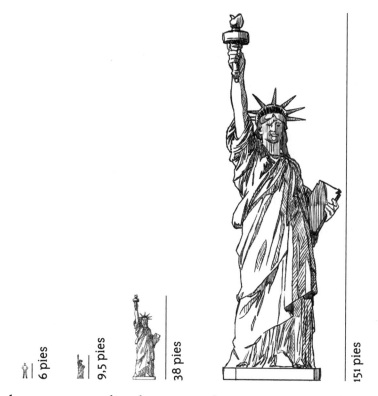

6 pies

9,5 pies

38 pies

151 pies

planearon ampliar la estatua hasta su tamaño final de más de 151 pies de alto. No había forma de que cupiera una estatua tan alta dentro del taller.

En su lugar, decidieron cortar el modelo de yeso de 38 pies en 8 secciones horizontales que eran como las capas de un pastel. Luego midieron cada capa por separado utilizando reglas, compases y cuerdas que colgaban desde lo alto hasta varios puntos de su superficie. A partir de estas medidas, ampliaban cada capa a tamaño completo. Más tarde, lo unían todo.

Primero se hizo la mano y la antorcha a tamaño real. Los carpinteros construyeron moldes de madera alrededor del modelo de yeso de la mano y la antorcha. Los moldes se hacían hasta que encajaran bien en él. Cuando tenían la forma adecuada, se retiraban.

Luego, se calentaban grandes láminas planas de cobre en hornos y con sopletes para ablandarlas. El cobre solo tenía

0,1 pulgada de espesor, el grosor de dos monedas de un centavo juntas. Ellos presionaban la hoja de cobre dentro del molde de madera. Golpeaban con cuidado la lámina para que se doblara, se curvara y se adaptara al molde. Este proceso se llama *repoussé*, que en francés significa "empujar hacia atrás". Se necesitaron 21 láminas de cobre para hacer la mano y la antorcha. ¡Se necesitarían

más de 300 láminas de cobre para toda la Estatua de la Libertad!

El comienzo de la feria de Filadelfia se acercaba. En el taller se escuchaba el ruido de los martillos mientras 20 hombres trabajaban 7 días a la semana durante meses. Sin embargo, la mano y la antorcha no estaban listas. Esto decepcionó a Bartholdi. En mayo de 1876, se embarcó hacia los EE. UU. sin la pieza de su estatua. Esperaba que llegara poco después de las ceremonias de inauguración.

Se habían armado 200 edificios temporales solo para la feria de Filadelfia, entre ellos, una sala de exposiciones con paredes de cristal. Cubría más de 21 acres, lo que lo convertía en el edificio más grande del mundo en aquella época. Las exposiciones de EE. UU. estaban en el centro del pabellón, con las de los otros países a su alrededor. Había meteoritos, herramientas y arte de los nativos americanos, y animales exóticos, como

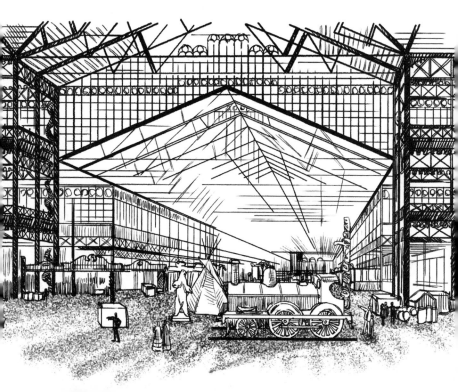

una morsa y un oso polar disecados. Un nuevo invento llamado teléfono estaba en exhibición. La gente nunca había visto algo tan fantástico. Unos 10 millones de visitantes acudieron a la feria. Eso equivalía a una quinta parte de toda la población de EE. UU. en la década de 1870.

En cuanto a la mano y la antorcha, no llegaron hasta agosto. Los visitantes pagaban 50 centavos para subir una escalera por el interior del antebrazo. De 12 a 15 personas a la vez podían estar fuera, en el balcón que rodeaba la antorcha. La mano y la antorcha eran tan altas como un edificio de 3 pisos. La uña de la mano medía 10 x 13 pulgadas. En la base, debajo de la antorcha, había un cuadro con la imagen de la estatua completa.

Los visitantes debían estar asombrados, imaginando lo enorme que sería la estatua terminada. ¡La exposición de Bartholdi fue una sensación!

CAPÍTULO 5
La cabeza

Al terminar la feria, el 10 de noviembre de 1876, la mano y la antorcha se llevaron a Nueva York. Estuvo en el *Madison Square Park* por más de 5 años mientras se construía el resto de la estatua en París.

El Congreso de los EE. UU. votó en 1877 para aceptar la estatua de Francia como regalo. Se eligió la isla de Bedloe como emplazamiento. Los EE.UU. también aceptaron construir una base sólida, llamada pedestal, para que la Libertad se levantara. Esto debió ser un gran alivio para Bartholdi. Su estatua tendría un hogar en Estados Unidos cuando estuviera terminada.

Para la Exposición Universal de París de 1878, el equipo de Bartholdi terminó la cabeza de la estatua. Se cargó en un gran carro lleno de heno y pequeñas ramas para amortiguarla.

Trece caballos fuertes tiraron del carro a través de París hasta el recinto ferial. La cabeza de la estatua se exhibía en el jardín de un palacio que se había construido solo para la feria. Los visitantes pagaban un donativo al fondo de la estatua para subir a la parte superior de la cabeza. De 30 a 40 personas podían estar dentro de ella y mirar hacia fuera a través de la fila de 25 ventanas de su corona. Su nariz medía 4,5 pies de largo. Cada ojo tenía 2,5 pies de ancho. ¡Debió ser una experiencia emocionante!

En 1879, el comité de recaudación de fondos para la estatua tenía casi la mitad del dinero que necesitaba. Bartholdi se esforzó por recaudar aún más. Dijo a las empresas francesas que su estatua se convertiría en un gran símbolo americano. Las convenció de pagar dinero para utilizar la imagen de la estatua en sus productos. Hubo loterías en las que la gente podía comprar oportunidades para ganar dinero y premios. Hubo eventos benéficos, como óperas, cuya recaudación se destinaba al fondo. Se vendieron pequeñas copias de la estatua de recuerdo, algunas autografiadas por el propio Bartholdi. En julio de 1880, el comité de recaudación de fondos había reunido un total de 400 000 francos. Eso eran unos 250 000 dólares en aquella época. ¡Era suficiente!

En el taller de París, unos 40 hombres seguían trabajando en las 8 capas de la estatua. Cada capa tenía unos 30 pies de alto y 12 de ancho. La cantidad de cobre utilizada era suficiente para fabricar ¡30 millones de peniques!

Las estatuas más altas del mundo

El Buda del Templo de Primavera de 420 pies de
altura (abajo) en Henan, China, fue la estatua más
alta del mundo hasta 2018, cuando se completó la
Estatua de la Unidad de 597 pies en Gujarat, India. El
monumento a Caballo Loco, iniciado en 1948, tallado
en roca en las Colinas Negras de Dakota del Sur, en
EE. UU., tendrá una altura de 563 pies cuando esté
terminado.

CAPÍTULO 6
El interior de la estatua

Las cosas iban muy bien, pero aún había un problema. Bartholdi estaba utilizando marcos de madera provisionales dentro de cada una de las secciones de la estatua como soporte. Sabía que ese tipo de armazón no sería lo suficientemente fuerte para la enorme estatua una vez terminada.

Era el momento de contratar a un ingeniero para que ideara una estructura de soporte que encajara en el interior de la estatua y la sostuviera. Bartholdi se decidió por Eugène Viollet-le-Duc. Viollet-le-Duc pensó que el mejor plan era hacer la estatua más pesada en la parte baja. Sugirió rellenarla desde los pies hasta las caderas con pesadas cajas de arena. Esta idea probablemente no habría funcionado. Pero, Viollet-le-Duc murió antes de poder probarla.

A continuación, Bartholdi le pidió ayuda a Gustave Eiffel. Más tarde, Eiffel construiría la famosa Torre Eiffel en París, pero ya era famoso por la construcción de puentes ferroviarios con vigas de hierro. Los puentes se construían con piedra. Eiffel sabía que las vigas de hierro soportaban más peso que la piedra. En aquella época, eso era una idea muy novedosa. Decidió que la estatua de cubierta de cobre de Bartholdi permanecería hueca, con un fuerte esqueleto de hierro en su interior. Funcionaría de forma similar a un esqueleto humano.

La Torre Eiffel

Gustave Eiffel construyó su Torre Eiffel, de 985 pies de alto, para la Exposición Universal de París de 1889, por el centenario de la Revolución francesa. Su estructura era abierta, con vigas de hierro, como sus puentes. Había ascensores para subir a los distintos niveles. Se utilizaron 7300 toneladas de hierro, sesenta toneladas de pintura y 2,5 millones de remaches, 8 veces más que en la Estatua de la Libertad.

Al principio, la gente se burlaba. Algunos pensaban que parecía una farola de tamaño desmesurado o un extraño aparato de gimnasia. Durante la feria, diez mil luces decoraron la torre. Por la noche tenía un aspecto hermoso y romántico. Fue considerada una obra maestra. Dos millones de visitantes acudieron a verla durante la Feria Mundial, entre ellos Buffalo Bill y Thomas Edison.

Hoy en día, unos siete millones de personas visitan la Torre Eiffel cada año. Por poco la derriban en 1909, pero la convirtieron en una torre de radio. Era más alta que cualquier edificio del mundo hasta que en 1931 se terminó el *Empire State Building* de Nueva York, que mide 1250 pies.

Mientras unos creaban las secciones de la cubierta de cobre en el taller, afuera, en el patio, otros construían la estructura de soporte de hierro. Primero, se construyó una torre de hierro de noventa y seis pies de alto, que iría desde los pies de la estatua hasta su cuello. La torre tiene cuatro vigas de hierro, una en cada esquina. Las vigas se unen por unos tirantes transversales formando una X.

Encima se construyó una estructura para la cabeza. Otro marco de soporte largo para el brazo que sostiene la antorcha está en el ángulo donde estaría el hombro. En el centro del esqueleto de la estatua, se construyó una escalera doble de caracol con un juego de escalones para subir y otro para bajar. Las escaleras llegan hasta la cabeza, y una escalera sube hasta la antorcha.

A lo largo de la torre central hay unas finas barras de hierro atornilladas a un lado, de manera que sobresalen hacia la cubierta de cobre. Los extremos de cada una de estas barras están atornillados a barras horizontales arriostradas a lo largo del interior de las láminas de cobre. Esto hace que ninguna hoja de la cubierta de cobre pese sobre la que está debajo. Las finas barras de hierro transfieren el peso de cada lámina a la torre central. Este sistema se usó después en la construcción de los primeros rascacielos.

Cuando el armazón de hierro estuvo listo, empezaron a añadirle las láminas de cobre conformadas. Empezaron por los pies y fueron subiendo, encajando las láminas como un edredón de retazos hasta formar la estatua. Se usaron tornillos provisionales para fijar las láminas de cobre. Los remaches se utilizarían más tarde cuando la estatua fuera a su ubicación definitiva en Nueva York. En julio de 1882, la estatua de Bartholdi estaba cubierta de cobre hasta la cintura.

Ocho meses antes, el arquitecto Richard Morris Hunt había sido elegido para diseñar un enorme pedestal en Nueva York. Sería la base sobre la que se levantaría la estatua.

Hunt era famoso por construir mansiones para familias ricas como los Vanderbilt. Al igual que Bartholdi, pensó a lo grande. Proyectó un pedestal de 114 pies de alto. Sería de granito macizo y costaría unos 250 000 dólares. El comité americano de recaudación de fondos solo tenía un tercio de esa cantidad. Su diseño era demasiado costoso y fue rechazado.

Mansión de Vanderbilt

Hunt rediseñó su pedestal. Finalmente, se acortó a ochenta y nueve pies. Se construiría de hormigón y se cubriría con una capa de granito. Eso reduciría el costo.

CAPÍTULO 7
El pedestal

Una vez aprobado el diseño del pedestal de Hunt, se comenzó a excavar en la isla de Bedloe, en 1883. Se excavó una enorme fosa de 20 pies de profundidad dentro de los muros en forma de estrella de Fort Wood. La fosa se rellenó con hormigón para formar unos cimientos que soportaran tanto el pedestal como la estatua. Fue la mayor cantidad de hormigón jamás vertida en un lugar. Pronto el pedestal se levantó sobre los cimientos.

El comité de recaudación de fondos le pidió al Congreso de los EE. UU. 100 000 dólares más que faltaban para terminarlo. Votaron en contra. El comité intentó otras formas para recaudar fondos. Bartholdi escribió y vendió pequeños folletos titulados *The Statue of Liberty Enlightening the World.* Se vendieron pequeñas copias de la estatua como *souvenir.* Una de 6 pulgadas costaba un dólar, y la de 12 pulgadas, 5 dólares.

Muchos de los miembros del comité estadounidense que supervisó la construcción del pedestal eran hombres ricos. Pero, no fueron muy generosos a la hora de aportar su propio dinero al proyecto. En octubre de 1883, un editor de periódicos llamado Joseph Pulitzer se enfadó por ello. En su periódico, *The World*, se quejó de que había más de un centenar de millonarios tacaños en Nueva York, que no extrañarían los míseros 100 000 dólares necesarios para terminar el pedestal. ¿Por qué no los donaron? Quizás porque  no querían una estatua que celebrara que todas las personas son iguales.

A finales de 1883, la mano y la antorcha fueron regresadas a París para añadirlas a la estatua. La cabeza fue la siguiente. La estatua se terminó en enero de 1884. Lamentablemente, Edouard de Laboulaye murió en mayo de 1883. No pudo ver su estatua terminada.

La Libertad terminada se quedó en París un año esperando que su pedestal estuviera listo en Nueva York. En agosto de 1884, se publicó una caricatura de la estatua tan cansada de esperar que tuvo que sentarse. En Francia, miles de personas visitaron la estatua durante este tiempo, entre ellos el escritor Víctor Hugo. Los ciudadanos franceses ¡iban a echar de menos la estatua!

Finalmente, en enero de 1885, volvieron a desmontar la estatua. Desmontaron cada pieza de cobre y cada pieza de hierro. Las piezas fueron

embaladas en 214 cajas, que pesaban desde unos cientos de libras hasta tres toneladas. Las cajas estaban etiquetadas con números para poder recomponer la estatua correctamente. Si es que eso ocurría. Muchos empezaban a dudar de que el pedestal estuviera terminado. Sin él, la estatua no tenía nada en qué apoyarse.

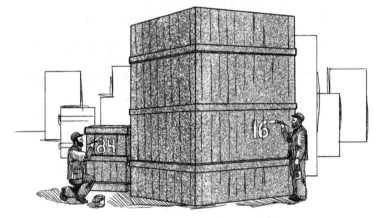

En marzo de 1885, la construcción del pedestal se detuvo. El comité americano se había quedado sin dinero. Bartholdi estaba realmente preocupado. En el último momento, su sueño parecía desmoronarse.

Pulitzer estaba decidido a resolver el problema. Escribió artículos en su periódico en los que animaba al pueblo de EE. UU. a contribuir al fondo del pedestal. Escribió: "No esperemos por los millonarios... Demos algo, aunque sea poco". Prometió publicar en su periódico el nombre de cada uno de los contribuyentes junto con la cantidad que habían aportado.

Para empezar, Pulitzer aportó él mismo 1000 dólares al fondo. En la primera semana, llegaron a sus oficinas 2000 dólares más. Las donaciones solían llegar en monedas de menos de un dólar. Los niños daban el dinero que habían ahorrado para ir al circo. Poco a poco, todo fue sumando.

Fue emocionante para las personas que donaron ver sus nombres impresos en *The Word*. Eran famosos por un día. También fue una buena promoción para su periódico. Cada día se vendían cientos de ejemplares porque todos querían un ejemplar con su nombre impreso, de recuerdo.

Animado por las donaciones, Bartholdi decidió enviar todas las piezas de la estatua a EE. UU. Se necesitaron 60 vagones de tren para transportar las cajas con las piezas hasta el muelle de Rouen (Francia). Allí, las cajas se cargaron en el barco francés Isere para el viaje a Nueva York. Era un trabajo enorme, pero mucho más fácil que el envío de una estatua completa. ¡Estatua a la vista!

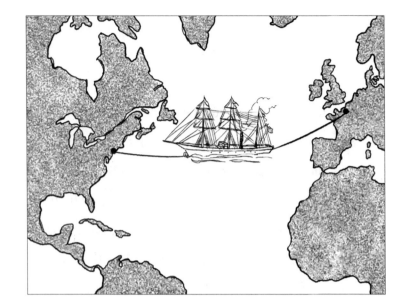

Joseph Pulitzer

Joseph Pulitzer nació en Hungría el 10 de abril de 1847. Emigró a EE. UU. a los 17 años. Su familia era rica, pero ahora estaba solo y pobre. Aprendió a hablar inglés solo. Cuando alguien le estafó 5 dólares, escribió una historia que se publicó en un pequeño periódico. Pronto empezó a trabajar y a ascender. Pulitzer leía en la biblioteca y estudiaba derecho. Tuvo su gran oportunidad cuando aconsejó sobre una jugada de ajedrez en una partida a dos editores de periódicos. Ellos le ayudaron a conseguir un trabajo como reportero. En 1879, ya había comprado dos periódicos y los había combinado en el *St. Louis Post-Dispatch*.

Cuatro años más tarde compró un periódico más grande, *The New York World,* que perdía dinero. Pulitzer le dio la vuelta contratando a los mejores reporteros de EE. UU. Uno de ellos era una mujer llamada Nellie Bly. Se hizo famosa cuando fingió estar enferma para entrar en el Asilo de Mujeres Psiquiátricas y escribir historias sobre el terrible trato que recibían las pacientes. Las ventas de periódicos de Pulitzer se dispararon.

Los Premios Pulitzer llevan el nombre en su honor. Estos premios se entregan cada año en las categorías de periodismo, literatura, música y teatro. Ganar uno es algo muy importante.

CAPÍTULO 8
Un hogar en Estados Unidos

El Isere llegó al puerto de Nueva York el 17 de junio de 1885. Atracó en la Isla de Bedloe dos días después. Miles de personas esperaban en botes y en tierra. Aplaudían y agitaban banderas. Se tardó varios días en descargar las cajas, pero no había prisa porque ¡el pedestal no estaba listo!

Pronto lo estaría, gracias a la generosidad del pueblo de a pie. En menos de 5 meses, unos 121 000 estadounidenses habían donado un total de 102 000 dólares al fondo del pedestal. Pulitzer había cumplido su promesa, publicando sus nombres. El 11 de agosto, el titular de su periódico anunció que se había alcanzado el objetivo. Las obras del pedestal se reanudaron. Se terminó en abril de 1886.

ONE HUNDRED THOUSAND DOLLARS!

TRIUMPHANT COMPLETION OF THE WORLD'S FUND FOR THE LIBERTY PEDESTAL.

Story of the Greatest Popular Subscription Ever Raised, in America—How the Republic Was Saved from Lasting Disgrace—An Event for Patriotic Citizens to Rejoice Over—A Roll of Honor Bearing the Names of 120,000 Generous Patriots—The Flags of France and the American Union Floating in Sisterly Sympathy—Over $2,300 Received Yesterday—The Grand Total Foots Up $102,006.39—A Generous Lady Pays $130 for the Washington Cent.

Al fin se pudieron desembalar las 214 cajas con las piezas de la estatua. La estructura de hierro de Eiffel se montó primero y se ancló en lo más profundo del pedestal. Luego había que construir la estatua. No sería fácil, era como un rompecabezas. Algunas de las cajas habían sido mal etiquetadas. Algunas de las piezas de cobre y hierro se habían doblado y había que darles forma de nuevo.

Los trabajadores apodaron al primer remache que pusieron "Bartholdi" y al segundo "Pulitzer". Se subieron a la torre de hierro de Eiffel como si fuera un gimnasio. Se sentaron en los travesaños

y utilizaron cuerdas y poleas para subir los trozos de cobre. Se sentaron en columpios de cuerda que colgaban de la torre y colocaron más de 300 000 remaches. Desde la distancia, no se podían ver los

remaches ni las costuras que unían las láminas de cobre. La planta del pie derecho se dejó abierta para poder utilizarla como entrada al interior. Los neoyorquinos y los turistas a menudo tomaban pequeñas embarcaciones en el puerto para ver los trabajos en curso.

Siete meses después de terminado el pedestal, la estatua se colocó en su sitio. Era la estructura hecha por el hombre más alta de EE. UU. En la ciudad de Nueva York, el 28 de octubre de 1886 se declaró día festivo para celebrar la estatua. Fue como una fiesta de cumpleaños. Fue un día lluvioso. Aun así, grandes multitudes acudieron a ver un desfile de 20 mil personas por la Quinta Avenida que duró toda la mañana. Luego, cientos de miles se agolparon en el bajo Manhattan y miraron hacia el puerto, esperando la inauguración de la estatua.

Funcionarios franceses y estadounidenses fueron hasta la isla de Bedloe para la ceremonia. Casi todos eran hombres. Las únicas mujeres eran familiares de los franceses. Algunos se enfadaron por ello y por el trato que recibían las mujeres en EE. UU. Después de todo, ¡la Estatua de la Libertad era una mujer! Simbolizaba la libertad, pero en EE. UU. las mujeres ni siquiera podían votar. Un grupo de mujeres llegó a la isla para protestar. Les gritaron a los políticos que pronunciaban discursos. Pero, la celebración era tan ruidosa que muy pocos las escucharon.

Todos estaban atentos a la estatua cuando comenzó la ceremonia en la isla de Bedloe. Una enorme bandera francesa de franjas azul, blanca y roja cubría el rostro de la estatua como un velo. Para el gran final, Bartholdi debía retirar la bandera. No era fácil ver la estatua desde la orilla, donde la multitud esperaba. El cielo estaba nublado y brumoso. El vapor de los barcos del puerto se levantaba y se mezclaba con la llovizna.

Bartholdi subió las escaleras a través de la estatua para situarse afuera, en el balcón, alrededor de su antorcha. Allí esperó una señal. Muy por debajo de él, los políticos pronunciaban discursos sobre su amor por los EE. UU. y sobre la amistad y la libertad. El presidente Grover Cleveland iba a hablar pronto.

Después hubo cierta confusión. Alguien hizo una señal a Bartholdi en el momento equivocado. Antes de que el presidente pudiera dar su discurso, Bartholdi tiró de la cuerda atada a la bandera francesa. La bandera se cayó, revelando el rostro de la Dama de la Libertad a la multitud que la aclamaba.

Derechos de la mujer

A finales del siglo XIX, las mujeres de EE. UU. aún no tenían los mismos derechos que los hombres. Las sufragistas exigían que se permitiera a las mujeres votar. También querían que pudieran tener propiedades y ser contratadas para los mismos trabajos que los hombres. Susan B. Anthony, Elizabeth Cady Stanton, Sojourner Truth y otras, apoyaron su causa. Amelia Bloomer usaba pantalones sueltos *(bloomers)* en lugar de las incómodas faldas largas del siglo XIX. Wyoming fue el primer territorio en conceder a las mujeres el derecho al voto en 1869. En 1920, se ratificó la Decimonovena Enmienda a la Constitución de EE. UU., que otorgaba el derecho al voto a las mujeres. Pero en Francia, de donde procede Libertad, las mujeres no pudieron votar hasta 1945. Todavía hay países en el mundo donde las mujeres no tienen los mismos derechos que los hombres.

Los barcos de la marina dispararon cañones como saludo. Las sirenas de los barcos de vapor sonaron. Las bandas comenzaron a tocar. Los discursos continuaron a pesar del alboroto. La celebración se prolongó hasta la noche.

Se tardó veintiún años en convertir una idea interesante en una estatua real de 151 pies. Bartholdi dijo con orgullo a los periodistas: "El sueño de mi vida se ha cumplido".

CAPÍTULO 9
El nuevo coloso

En 1883, Emma Lazarus escribió un poema, un soneto de 14 versos, que llamó "El nuevo coloso". En aquella época, los judíos de Rusia tenían que huir de su país o eran asesinados, todo ello a causa de su religión. Lazarus se molestó por ello y ayudó a los inmigrantes judíos que llegaban a

EE. UU. Los problemas de estos judíos la inspiraron a escribir el poema. Lo donó a una subasta para recaudar fondos para el pedestal de la estatua.

Tras la muerte de Lazarus en 1887, una amiga suya encontró una copia del poema en un libro. Hizo grabar el poema en una placa. Este hablaba de la lucha de la gente por llegar a EE. UU. y encontrar la libertad. ¡Qué mejor lugar para colgar la placa que en la Estatua de la Libertad!

Hoy el poema de Lazarus es famoso y la placa está en el museo de la estatua. Estos son algunos de los versos grabados en la placa:

Dame a tus fatigados, a tus pobres,
Tus masas amontonadas que anhelan libertad,
Los miserables desechos de tu costa.
Envíame a estos, a los desamparados, a la
tempestad,
Levanto mi antorcha junto
a la puerta dorada.

Lazarus llamó a la Estatua de la Libertad la "Madre de los exiliados". Era como una madre que cuidaba de los inmigrantes cuando no tenían a dónde ir. Aunque no se construyó pensando en los inmigrantes, entre 1892 y 1954, más de 12 millones de personas llegaron a EE. UU. en barcos que pasaron por delante de la estatua de Bartholdi. Situada en la isla de Bedloe, parecía dar la bienvenida a los recién llegados a EE. UU., tierra de libertad. Los primeros inmigrantes escribieron a sus familias sobre la estatua. La llamaban diosa de la bienvenida. Se convirtió en una leyenda. Muchos inmigrantes y sus familias han escrito cartas de agradecimiento ¡a la propia Estatua de la Libertad!

Aun así, cuando Bartholdi murió en 1904, muchos estadounidenses no sabían cómo era su estatua. No fue hasta la I Guerra Mundial, en 1914, que el gobierno utilizó la imagen de la estatua en los carteles patrióticos de guerra.

Muy pronto los estadounidenses vieron que la Estatua de la Libertad era un importante símbolo de la libertad.

La estatua de Bartholdi se convirtió en monumento nacional en 1924. La isla de Bedloe recibió un nuevo nombre en 1956: Isla de la Libertad. Esto habría hecho feliz a Bartholdi, que había apostado por este nuevo nombre.

La única forma de llegar a la Isla de la Libertad hoy en día, es en ferris. Los barcos privados no pueden atracar allí. También se puede realizar una visita virtual a la estatua en: nps.gov/hdp/exhibits/stli/stli_tour.html.

La plataforma de observación en la parte superior del pedestal es lo máximo que se puede acceder sin un pase especial. Solo se permite el acceso a diez o quince personas a la vez. Desde las ventanas de la corona se puede ver de cerca la mano derecha y la antorcha de la estatua. Además, hay una gran vista de la ciudad de Nueva York y del puerto. Los visitantes ya no pueden subir a la antorcha.

En 1976, EE. UU. celebró su bicentenario del Día de la Independencia. Hubo desfiles y fuegos artificiales en todas las ciudades. En Nueva York, barcos históricos de treinta y dos países desfilaron ante la Estatua de la Libertad. Millones de personas lo vieron por televisión y desde las calles del bajo Manhattan. Lo que muchos observaron con tristeza fue que la estatua de noventa años estaba en muy mal estado.

CAPÍTULO 10
Restauración de la estatua

En 1980, dos hombres escalaron la Estatua de la Libertad para colgar una bandera de protesta. Cuando estos bajaron, los trabajadores subieron a comprobar si habían causado algún daño. Comprobaron que los manifestantes no le habían hecho daño, pero descubrieron que la estatua necesitaba ser reparada de arriba a abajo.

Al principio, la estatua tenía el color cobre brillante de un centavo nuevo. El cobre no se oxida ni se corroe. Se protege a sí mismo con una capa azul-verdosa llamada pátina. Después de 90 años, el clima, el aire salado y el agua del mar habían vuelto la estatua de cobre permanentemente azul-verdoso. Eso no era un problema, pero el hecho de que estuviera manchada de caca de

pájaro y la contaminación, eran un problema. Incluso había nidos de pájaros en los pliegues de la túnica de la estatua. En el interior, las barras de hierro estaban oxidadas. Algunas se habían desprendido. Los remaches se habían caído. Un ojo de la estatua estaba agrietado y había perdido un trozo de pelo. Uno de los rayos de la corona de la estatua estaba suelto y se había doblado sobre el brazo que sostenía la antorcha.

La antorcha también tenía problemas. Bartholdi había revestido la llama con láminas de cobre. Esperaba que algún día la cubrieran con oro. Pero como a los estadounidenses se les había prometido un faro, en 1886 se hicieron dos filas de agujeros redondos en la llama esculpida y se colocaron luces en su interior. Lamentablemente eran muy tenues para guiar a los barcos.

Treinta años después, la antorcha fue dañada por unos soldados alemanes que se colaron en el puerto de Nueva York durante la I Guerra Mundial.

Un escultor llamado Gutzon
Borglum fue contratado
para arreglar la antorcha.
Más tarde se haría famoso
por esculpir las cabezas
de cuatro presidentes en
el Monte Rushmore.
Borglum cortó unas
250 ventanas en ángulo en la antorcha
de cobre y las cubrió con cristales color amarillo
anaranjado. Esto no convertía a la estatua en un
faro eficaz, pero todos habían renunciado a esa
idea en 1902.

Nadie se dio cuenta de que el nuevo diseño
de Borglum permitía que el agua se filtrara en la
antorcha. Al filtrarse el agua en la estatua durante
años, la estructura de hierro se oxidó mucho.
Donde quiera que el cobre tocaba el hierro, se
producía una reacción química que generaba más
óxido. Eiffel había blindado estos metales entre sí

para que eso no ocurriera, pero el tiempo había desgastado el blindaje.

El puerto de Nueva York podía ser tormentoso, con vientos de 50 millas por hora. Con esos vientos, la estatua se balanceaba 3 pulgadas de lado a lado. La antorcha se balanceaba hasta 6 pulgadas. Eiffel había diseñado una estructura flexible que permitiera ese movimiento. Las finas barras de hierro que conectaban la torre con las láminas de cobre se doblaban sin romperse con el viento fuerte o las temperaturas extremas. Pero, por la filtración del agua, la estructura de hierro se había debilitado. El brazo que sujetaba la antorcha acabaría cayendo. Había que hacer algo rápido.

El Monte Rushmore

En 1924, el historiador Doane Robinson le pidió a Gutzon Borglum que tallara una escultura en las Colinas Negras de Dakota del Sur. Quería una que atrajera a muchos turistas. Borglum decidió esculpir 4 presidentes en una pared de granito iluminada por el sol, en el Monte Rushmore. Eligió a los presidentes que representaban mejor los primeros 150 años de la historia de EE. UU.: George Washington, Thomas Jefferson, Abraham Lincoln y Theodore Roosevelt. Cuando el gobierno aceptó financiar el proyecto, en 1927, Borglum y su equipo comenzaron a esculpirlo con dinamita, martillos, taladros, cinceles y otras herramientas. Cuando Borglum murió, pocos meses antes de terminarla, su hijo la completó en 1941. Las 4 cabezas son enormes. La de George Washington es tan alta como un edificio de 6 pisos. Su nariz es más alta que tres hombres uno encima del otro. Actualmente, el Monte Rushmore es la principal atracción turística de Dakota del Sur. Pero las Colinas Negras son tierra sagrada para los nativos americanos de la zona, y están presentando demandas para recuperarlas.

En 1981, se llamó a los expertos. Hicieron un plan para reparar casi cada pulgada de la estatua. Se construyó un andamio alrededor de ella hasta la antorcha. Los primeros trabajadores que subieron besaron la estatua. Era un honor reparar este querido monumento. Las barras de hierro se sustituyeron por acero inoxidable. Se instalaron nuevos sistemas de calefacción y aire acondicionado. También se instaló una nueva y mejor escalera de caracol.

Los turistas habían escrito sus nombres en el interior de la estatua. La cubierta de cobre se limpió y se protegió con barniz, pero los grafitis realizados por los trabajadores que la construyeron en

1886, se dejaron. Alguien había tallado un mensaje dentro del dedo gordo de la estatua que decía: "A solas con Dios y la estatua, en Nochebuena". Incluso había una "B" tallada en un remache por el propio Bartholdi.

Durante el proceso, descubrieron que cuando se construyó la estatua, la cabeza y el brazo derecho se habían colocado a unas 18 pulgadas del centro. Esto no era parte del plan original de Eiffel y debilitaba la estructura. Sin embargo, era difícil corregirlo y se decidió mantener el error y la historia, pero se hicieron reparaciones y se añadió un soporte adicional.

Como la antorcha estaba muy deteriorada para repararla, se desmontó y se colocó en el vestíbulo donde los visitantes pueden verla de cerca. Los metalistas franceses hicieron una copia exacta de la original con láminas de cobre usando la técnica *repoussé*. La llama se recubrió de oro de 24 quilates. De día, el oro refleja la luz del sol y, por la noche,

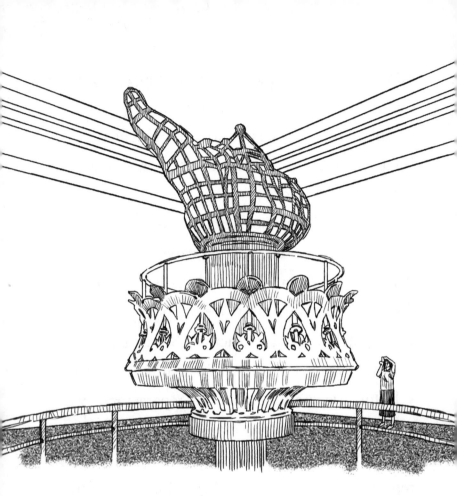

la antorcha se ilumina con focos, haciendo que parezca que arde con fuerza. Es exactamente lo que Bartholdi quería.

Después de dos años y medio, las reparaciones se terminaron para el 4 de Julio de 1986. La Estatua de la Libertad cumplía cien años. En Nueva York hubo una gigantesca celebración llamada *Liberty Weekend*. Alrededor de treinta mil botes y barcos llenaron el puerto de Nueva York. Hubo una enorme feria callejera. Hubo espectáculos con gimnastas, bandas de música, globos y cantantes famosos.

Whitney
Houston

Por la noche, el presidente Ronald Reagan estaba junto a la primera dama Nancy Reagan. Pulsó un botón y unos rayos láser de colores iluminaron la Dama de la Libertad. A su alrededor, se encendieron muchos focos, bañándola con luz. Su antorcha fue la última en encenderse. Unos brillantes fuegos artificiales rojos, blancos y azules iluminaron el cielo. El futuro de la estatua parecía brillante.

Apenas 15 años después, ocurrió algo terrible. El 11 de septiembre de 2001, dos aviones fueron estrellados contra las Torres Gemelas. Estos gigantescos edificios se encontraban en el bajo Manhattan, frente a la Estatua de la Libertad. Las torres se derrumbaron. Murieron casi tres mil personas. Fue obra de un grupo terrorista llamado Al Qaeda. Eran enemigos de Estados Unidos. Fue un momento terrible para toda la nación.

Se temía que la famosa Estatua de la Libertad fuera el próximo objetivo de estos terroristas. ¿Qué pasaría si alguien que se hiciera pasar por turista pusiera una bomba? Por eso la Isla de la Libertad fue cerrada temporalmente.

Aun así, la Estatua mantuvo su antorcha en alto frente al puerto de Nueva York y le dio esperanzas a muchas personas tristes. Durante la terrible crisis, la Dama de la Libertad siguió en pie y fue reabierta en 2009.

Los franceses habían creado la estatua para honrar al gobierno fuerte y democrático de EE. UU. Al igual que la bandera, la estatua se convirtió en un símbolo de la nación. Su mensaje alienta la libertad para todos en el mundo. Se mantiene alta y orgullosa. ¡Representa la libertad!

¿Cuáles son las dimensiones de la Estatua de la Libertad?

Ubicación	Medida
Altura combinada de la estatua, el pedestal y los cimientos	305'1"
De la base a la punta de la antorcha	151'1"
Altura de la cabeza	17'3"
Ancho de los ojos	2'6"
Longitud de la nariz	4'6"
Ancho de la boca	3'0"
Longitud del brazo derecho	42'0"
Longitud de la mano	16'5"
Longitud del dedo índice	8'0"
Longitud de la tablilla	23'7"
Grosor de la tablilla	2'0"
Altura del pedestal	89'0"
Peso de la cubierta de cobre	31 toneladas

Cronología de la Estatua de la Libertad

1865	Laboulaye y Bartholdi acuerdan donar una estatua a los EE. UU.
1871	Bartholdi va a EE. UU. a promover la idea de la estatua
1875	Bartholdi comienza a construir la estatua en París
1876	La mano y la antorcha se exhiben en la Exposición del Centenario, en Filadelfia
1877	La isla de Bedloe es elegida para emplazar la estatua
1880	Gustave Eiffel diseña la estructura interna de la estatua
1881	Se terminan la cubierta de cobre y la estructura soporte
1883	Muere Laboulaye
	Lazarus escribe "El nuevo coloso"
1884	Se termina la Estatua de la Libertad en París
	Comienza la construcción del pedestal en EE. UU.
1885	La estatua se envía a Nueva York
	Pulitzer recauda más de $100 000 para el pedestal
1886	La estatua se reconstruye en la isla de Bedloe
	La estatua es oficialmente inaugurada el 28 de octubre
1892	Se inaugura *Ellis Island*
1956	Isla de Bedloe pasa a llamarse Isla de la Libertad
1984	Se inician dos años de reparaciones en la estatua
1986	Se celebra el centenario de la Estatua de la Libertad
2019	Se inaugura el nuevo Museo de la Estatua de la Libertad

Cronología del Mundo

Finaliza la Guerra Civil estadounidense	**1865**
El presidente Lincoln es asesinado	
Se publica *Alicia en el país de las maravillas,* de Lewis Carroll	
Nace la química Marie Curie	**1867**
Alfred Nobel inventa la dinamita	
Se abre el Canal de Suez	**1869**
Abre el circo de P. T. Barnum en Brooklyn	**1871**
Yellowstone es el primer parque nacional de EE. UU.	**1872**
El volcán Vesubio entra en erupción en Italia	
Nace el mago Harry Houdini en Hungría	**1874**
Alexander Graham Bell inventa el teléfono	**1876**
Mark Twain publica *Las aventuras de Tom Sawyer*	
Wild Bill Hickok es asesinado en Deadwood, Dakota del Sur	
Nace Albert Einstein	**1879**
Nace Helen Keller	**1880**
Nace Pablo Picasso	**1881**
Se completa el puente de Brooklyn	**1883**
Louis Pasteur fabrica una vacuna contra la rabia	**1885**
Annie Oakley se une al *show* del Oeste de Buffalo Bill	
Se inventa el baloncesto	**1891**
La Bolsa de Nueva York se desploma, comienza la Gran Depresión	**1929**
Estados Unidos celebra su bicentenario el 4 de Julio	**1976**

Bibliografía

*Libros para jóvenes lectores

Burns, Ken. *The Statue of Liberty*. DVD. PBS, 1985.

*Curlee, Lynn. *Liberty*. New York: Atheneum Books for Young Readers, 2000.

*Drummond, Allan. *Liberty!* New York: Frances Foster Books, 2002.

*Hochain, Serge. *Building Liberty: A Statue Is Born*. Washington, DC: National Geographic, 2004.

Khan, Yasmin Sabina. *Enlightening the World: The Creation of the Statue of Liberty*. Ithaca, NY: Cornell University Press, 2010.

Moreno, Barry. *The Statue of Liberty*. Images of America. Charleston, SC: Arcadia Publishing, 2004.

*Rappaport, Doreen. *Lady Liberty: A Biography*. Cambridge, MA: Candlewick Press, 2008.

Shapiro, Mary J. *Gateway to Liberty: The Story of the Statue of Liberty and Ellis Island*. New York: Vintage, 1986.

Skomal, Lenore. *Lady Liberty: The Untold Story of the Statue of Liberty*. Kennebunkport, ME: Cider Mill Press, 2009.

Sutherland, Cara A. *The Statue of Liberty*. New York: Barnes & Noble Books, 2003.

Puedes visitar el sitio oficial de La Estatua de la Libertad en:
http://www.nps.gov/stli.

TUS MODELOS PARA LA HISTORIA

Actividades, Mad Libs y ¡chistes divertidos!
Descubra los libros de Who HQ más allá de las biografías